생명에게 배운다

②

알아 간다는 것

글쓴이 **이원영**

서울대학교 행동생태 및 진화연구실에서 까치 연구로 박사 과정을 마치고, 지금은
극지연구소 선임 연구원으로 남극과 북극을 오가며 펭귄과 극지 동물을 연구합니다.
그동안 쓴 책으로 『여름엔 북극에 갑니다』『물속을 나는 새』『펭귄의 여름』
『펭귄은 펭귄의 길을 간다』가 있습니다.

그린이 **강영지**

다양한 영역에서 일러스트레이터로 활동하고 있습니다. 늘 새로운 것을 공부해서
그림으로 그려 내는 것이 재미있습니다. 펭귄과 남극을 작업하는 시간도 즐겁게 보냈습니다.
그동안 그린 책으로 『책장 속 티타임』『논밭에 함께 살자』『유럽은 오밀조밀 따닥따닥』
『음식, 잘 먹는 법』『생색요리』『한양 1770년』 등이 있습니다.

생명에게 배운다

② 알아 간다는 것

이원영 씀 · 강영지 그림

낮은산

차례

들어가는 말 6

 짧아서 더 소중한 남극의 여름 8

 남극에 갑니다 12

 펭귄을 만나러 가 볼까? 20

 펭귄이 어디까지 가는지 알고 싶어! 30

추워도 졸려도 기다렸어 42

 펭귄의 이웃들도 만났어 52

 눈보라 치는 날 58

 기지로 돌아갑니다 64

알면 알수록 더 알고 싶어 72

나가는 말 78

■ 들어가는 말 ■

동물이 궁금했어

　난 어렸을 때부터 동물을 좋아했어. 여름방학이면 아침 일찍 매미를 잡으러 나가서 밤늦게 돌아오는 바람에 가족이 걱정했던 적도 있었지. 학교에서 장래 희망을 적어 내라고 하면 늘 '생물학자'라고 썼던 기억이 나. 생물학자라고 글씨를 꾹꾹 눌러쓰면서 쌍안경을 들고 동물을 찾아다니면 꽤 멋질 거라고 생각했어.

　대학원에서 내가 처음 연구를 시작한 동물은 까치였어. 해마다 봄이 되면 까치는 나무에 둥지를 틀어. 나는 나무에 올라가 새끼들을 관찰하고 둥지 안에는 작은 카메라를 달았어. 까치 부모가 새끼를 어떻게 키우는지를 관찰하는 게 내 연구 주제였단다.

　학교 안에 먹을거리가 부족해서 알에서 깨어나 둥지를 떠날 때까지 살아남는 새끼는 절반이 채 되지 않는다는 걸 알게 되었어. 새끼가 둥지 밖으로 날아간 뒤에도 꽤 오랜 기간 함께 지내며 돌봐 주는 까치 부모의 모습도 관찰했지. 6년 동안 까치를 연구하면서 아무도 관심을 기울이지 않던 사실을 새롭게 알게 되었을 때 정말 기뻤단다.

새로운 동물을 계속 연구하고 싶다는 생각이 들었어. 연구가 많이 이뤄지지 않은 동물은 무엇일까 고민했지. 내 머릿속에 남극이 떠올랐어. 남극에 사는 펭귄은 뒤뚱뒤뚱 눈 위를 걷는 사랑스러운 동물이지만 펭귄이 어떻게 살고 있는지에 대해서는 잘 알려지지 않았거든. 어느 날 TV 다큐멘터리에서 펭귄을 봤는데 차가운 바람을 견디며 알을 품고 치열하게 살아가고 있더라고. 펭귄도 자기 나름의 방식으로 정말 열심히 살고 있구나 하는 생각이 들었지. 펭귄에 대해 더 알고 싶어졌어.

　그러다 극지연구소에서 펭귄을 연구할 사람이 필요하다는 소식을 듣게 되었고, 그때부터 펭귄을 연구할 준비를 하고 계획서를 작성했어. 다행히 계획이 통과되면서 남극에 가서 펭귄을 연구할 수 있게 되었지. 2014년 겨울 이후로 해마다 남극에 가고 있어. 낯설던 남극도 제법 익숙해졌고 펭귄과도 많이 가까워진 기분이 들어. 해마다 펭귄을 만나지만 올겨울은 조금 특별한 만남이 될 것 같아.

　세계지도에서 남쪽 끝에 하얀색으로 표시된 대륙. 일부러 자세히 보지 않으면 눈길이 잘 가지도 않지. 남극은 지구에서 어느 나라에도 속해 있지 않은 유일한 곳이야. 과학자들은 연구를 위해서 남극에 머물 수 있단다. 남극은 영하 90도까지도 기록된 적이 있는, 지구에서 가장 추운 곳이야. 그런 남극에 아무런 준비 없이 갈 수는 없겠지?

　남반구에 있는 남극의 여름은 11월부터 시작해. 한국이 겨울일 때 남극은 여름이지. 여름이 다가오면 남극의 바다가 녹으면서 펭귄을 비롯한 생물들의 활동이 활발해진단다. 이때가 되면 과학자들은 현장 연구에 착수하게 돼.

　남극에 가기 위해서 4월부터 준비를 시작해. 짐을 싸기 전에 미리 필요한 물품 목록을 만들어. 물건의 성능을 하나씩 따져 보고 남극의 추위를 견딜 수 있는 제품인지 점검하지. 야외에서 텐트를 치고 캠핑을 해야 하기 때문에 추위에 강한 제품을 골라야 해. 침낭이 너무 얇다면 어떻게 될까? 아마 남극의 혹한을 견디지 못해 덜덜 떨다가 연구 활동을 제대로 해 나가지 못할 거야. 그래서 보통은 영하 40도까지 견딜 수 있는 방한 장비를 고른단다.

예를 들어, 우리가 흔히 사용하는 부탄가스는 남극에서 제대로 불이 붙지 않아. 그래서 낮은 온도에서도 불이 잘 붙는 가스를 챙겨야 해. 스포츠 양말이나 등산 양말은 보온성이 너무 떨어져서 양모로 된 양말을 따로 준비했어. 눈만 내놓고 얼굴을 모두 덮을 수 있는 모자, 자외선을 차단할 수 있는 선글라스와 고글도 필요하지. 이런 장비는 보통 전문 산악인이 높은 산에 오를 때 쓰는 제품이야. 남극의 환경은 히말라야처럼 높은 산악 지형과 비슷한 점이 많기 때문이지. 중요한 물품들은 8월까지 모두 준비해서 커다란 박스에 담아 배에 실어 보냈단다.

실제로 연구에 사용할 장비들은 따로 챙겨 두었어. 남극에 들어갈 때 직접 배낭에 넣어 가져갈 생각이야. 전자 제품은 혹시라도 물에 잠기거나 온도가 올라가면 안 되거든.

남극에 간다는 생각만 해도 마음이 설레. 이제 떠날 준비는 모두 마쳤어. 어서 남극으로 떠나고 싶구나!

이 정도는 챙겨야 남극에 갈 수 있어

가장 중요한 준비물은 야외 조사 때 필요한 캠핑용품과 추위를 막아 주는 방한용품이야.

야외에서 조사하기 위한 캠핑용품

추위로부터 몸을 보호하는 방한용품

　추위가 본격적으로 시작된 11월 22일, 인천공항에서 남극으로 가는 길이 시작되었어. 인천에서 뉴질랜드 오클랜드까지 약 열두 시간 동안 비행기를 타고 이동한 뒤, 다시 비행기를 갈아타고 뉴질랜드 남섬에 있는 크라이스트처치로 한 시간 반가량 날아갔지. 공항에 내려서 날짜를 확인해 보니 이미 하루가 지나 있었어. 이번엔 택시를 타고 항구로 이동했어.

　이제 배를 탈 차례야. 크라이스트처치에서 한 시간 정도 가면 나오는 리틀턴 항구에는 내가 탈 배가 기다리고 있었어. 간단한 수속을 마치고 배에 올라 방을 배정받았어. 창밖으로 갈매기가 보이고 따뜻한 바람이 불어왔어. 한국에서 입었던 두툼한 옷을 벗고 얇은 옷으로 갈아입고 나니, 지구 반대편으로 왔다는 것을 실감했단다. 이제 본격적인 여정이 시작된 거야.

　뉴질랜드에서 배를 탄 지 벌써 보름이 지났고 어느덧 12월이 되었어.

남극으로 향하는 동안 한국에서 입고 온 두툼한 옷을 하나씩 다시 꺼내 입었지. 남극은 워낙 추운 곳이라 바다도 얼어붙어. 그래서 특별히 두꺼운 얼음을 깨고 갈 수 있도록 만들어진 배를 타고 가야 해. 우리나라에는 '아라온'이라는 쇄빙선이 있어. 그 덕분에 배를 타고 남극으로 갈 수 있고, 연구를 할 수 있단다.

"덜컹 쿵, 덜컹 쿵."

배가 앞뒤로 흔들리며 얼음 깨는 소리가 들렸어. 바다에 두꺼운 얼음이 있구나 생각했지. 멀미 때문에 머리가 어지러워서 비틀거리며 창밖을 내다봤어. 배는 어디쯤 왔을까?

세상은 온통 하얀 얼음으로 가득했고 하늘에선 눈이 내리고 있었어. 그리고 깨진 얼음 조각 위로 검은 점이 꾸물꾸물 움직이는 게 보였지. 난 재빨리 쌍안경을 꺼내 눈앞으로 가져갔어.

"아델리펭귄이다!"

나도 모르게 소리쳤단다. 남극에 사는 아델리펭귄이 나타났다는 건 남극대륙에 가까워졌단 뜻이야. 이제 남극에 왔다는 것이 눈으로 확인되었지. 얼마 지나지 않아 부메랑 모양의 파란색 건물이 눈에 들어왔어. 바로 한국에서 운영 중인 과학 기지였단다. 말로만 들었던 남극대륙의 '장보고 과학 기지'에 비로소 도착한 거야.

아라온호는 1미터 두께의
얼음을 연속으로 깨면서
시속 약 5.5킬로미터로 전진할 수 있어.

장보고 기지에서는 과학자와 기지 운영을 담당하는 직원이 1년 내내 살아. 최대 62명까지 지낼 수 있지. 기지 안에는 숙소와 연구실, 식당이 있고, 도서실과 체력 단련실도 있어.

장보고 기지 앞에는 펭귄 동상이 있어.

"고생하셨습니다. 어서 들어가서 짐을 풀고 식사하세요."

먼저 와 있던 동료 연구원들이 나를 반겨 주었고, 식당에선 조리 담당 대원이 한국에서 가져온 재료를 가지고 김치찌개를 끓여 주었어. 마치 한국에 도착한 기분이었지.

대한민국 최초의 남극 기지는 1988년에 세워진 세종 과학 기지야. 그 뒤를 이어 2014년에 동남극 테라노바만 연안에 장보고 과학 기지가 세워졌지. 이곳에서 기후 변화 연구, 지형 및 지질 조사, 극지 생물 연구, 우주 과학 연구 등 다양한 연구 활동을 한단다.

장보고 기지에 도착한 첫날 밤, 자정이 다 되도록 잠이 오지 않아서 뒤척이다가 밖으로 나가 보았어. 그런데 마치 대낮처럼 환했단다. 너무 눈이 부셔서 제대로 눈을 뜰 수가 없었지. 백야 현상이었어. 극지방의 여름은 하루 종일 태양이 하늘에 떠 있기 때문에 늦은 시간에도 밝아. 정말로 내가 남극에 있다는 걸 실감하는 순간이었어.

백야 현상은 왜 일어날까?

남극에서는 밤이 낮처럼 밝은 현상이 몇 달 동안 이어질 때도 있고, 반대로 캄캄한 밤이 계속될 때도 있어. 남위 66.5도 이하의 남반구 지역이나, 북위 66.5도 이상의 북반구 지역에서 한여름에 태양이 지평선 아래로 내려가지 않아 낮이 지속되는 현상을 '백야'라고 해. 반대로 겨울철에 오랫동안 해가 뜨지 않고 밤만 계속되는 현상을 '극야'라고 하지. 남반구와 북반구의 계절은 반대이기 때문에 북반구에서 백야가 나타나면 남반구에서는 극야가 나타나고, 남반구에서 백야가 나타나면 북반구에서는 극야가 나타난단다.
백야와 극야는 지구의 자전축이 기울어져 있기 때문에 나타나는 현상이야. 지구가 태양 둘레를 돌 때 자전축의 양 끝 중에서 태양을 향해 기울어진 부분은 항상 햇빛을 받게 되지. 그래서 햇빛을 받는 쪽은 낮이 이어지고, 햇빛을 받지 못하는 쪽은 밤이 이어지는 날이 생기는 거야.

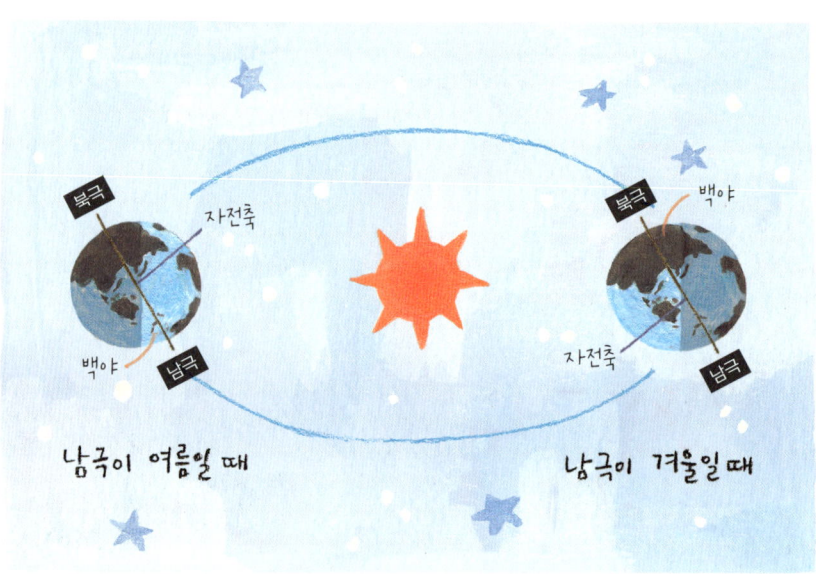

펭귄을 만나러 가 볼까?

장보고 기지

케이프워싱턴
인익스프레서블섬
로스해

남극점

세종기지

웨델해

 남극에 있다고 해서 늘 펭귄을 만날 수 있는 건 아니란다. 펭귄이 사는 곳으로 직접 찾아가지 않으면 쉽게 볼 수 없어. 장보고 기지에서 1년 동안 지냈던 대원 중에 펭귄을 한 번도 보지 못하고 한국으로 돌아가는 사람도 있다고 해.

 장보고 기지에서 가장 가까운 펭귄 서식지는 동쪽으로 35킬로미터 떨어진 케이프워싱턴이란 곳이야. 걸어가기는 힘든 거리라서 이동 수단이 필요한데, 눈과 얼음 위를 차를 타고 이동할 수는 없기 때문에 보통 헬리콥터를 이용해. 이곳은 해마다 2만 쌍의 황제펭귄이 알을 낳고 새끼를 키우는 번식지로 알려져 있어. 이번 탐사의 목적 중 하나는 올해 펭귄들이 얼마나 많은 새끼를 키워 냈는지 그 수를 정확히 헤아리는 것이란다.

 수만 마리 펭귄을 제대로 세는 건 매우 어려운 일이야. 예전에는 연구자들이 직접 펭귄 한 마리, 한 마리 세었지만, 이번엔 더 빠르고 확실하게 수를 파악하기 위해서 헬리콥터 위에서 직접 촬영을 하기로 했어.

헬리콥터를 타고 하늘을 나는 동안 멀리 하얀 눈과 얼음 위로 작고 검은 점들이 눈에 들어왔어. 땅에 점차 가까워질수록 검은 점들은 조금씩 커졌고 꿈틀꿈틀 움직였지. 그 작은 점 하나하나가 황제펭귄이었어. 바닥에는 옅은 먹물을 흘린 것 같은 회색빛 얼룩이 있었어. 펭귄 똥으로 생긴 자국이었지. 헬리콥터가 계속해서 서식지 위를 비행하는 동안, 준비해 온 카메라로 촬영했단다. 나중에 촬영된 사진들을 이어 붙이고 크게 확대해 보면 정확한 수를 알 수 있겠지!

펭귄 번식지 근처에 내리자 터벅터벅 발자국 소리를 내며 황제펭귄이 지나갔어. 나를 전혀 겁내지 않았단다. 잠시 후 아델리펭귄 한 무리가 바로 내 앞으로 걸어왔어. 아델리펭귄 번식지는 이곳에서 50킬로미터 이상 떨어져 있는데 이곳에 나타난 것으로 봐서 올해 번식을 하지 않는 어린 펭귄들인 것 같았지. 아델리펭귄은 태어난 지 3년이 지나야 번식을 한단다. 아델리펭귄 일곱 마리는 손을 뻗으면 닿을 정도의 거리에 멈춰 서서 우리를 바라봤어. 무언가가 이들의 궁금증을 자극한 것 같았어. 하지만 이내 흥미가 떨어졌는지 다시 우르르 몰려서 다른 방향으로 사라졌단다. 뾰족하게 솟은 빙하 조각들 사이로 뒤뚱뒤뚱 걸어가는 펭귄 무리를 물끄러미 보고 있으려니, 마치 지구가 아닌 다른 행성에 있는

생명체를 보는 것 같은 기분이 들었어.

　남극에 사는 펭귄은 왜 우리에게 스스럼없이 다가왔을까? 아마 사람을 본 적이 거의 없기 때문일 거야. 남극은 지구의 남쪽 끝에 있고 험난한 바다로 둘러싸여 있어서 비교적 최근에야 알려졌어.

　사람이 남극에 처음 도달한 것은 약 200년 전이야. 러시아 해군 군인이자 탐험가인 벨링스하우젠은 남극해를 항해하던 중 남극대륙을 발견했단다. 이후 조금씩 사람들에게 알려졌지. 아주 오랫동안 떨어져 살아온 펭귄과 사람이 서로 만나게 된 거야. 특히 1900년대 들어 남극점에 도달하려는 탐험대가 꾸려지면서 여러 나라에서 온 사람들이 남극에서 본격적으로 활동하기 시작했어. 펭귄이 사람을 마주하기 시작한 건 불과 100년 정도밖에 안 된 셈이야.

　펭귄에게 사람은 반가운 존재는 아니야. 특히 요즘 같은 번식 기간에 펭귄은 굉장히 예민해져. 둥지 가까이 다가오는 존재는 언제든 자기 새끼를 해칠 수 있는 침입자로 여기기 때문에 공격적으로 반응하지. 이 과정에서 매우 큰 스트레스를 받기도 한단다. 그래서 펭귄이 번식하는 기간에는 그들에게 방해가 되지 않도록 특히 조심해야 해.

호기심 많은 펭귄이 텐트 가까이까지 다가왔어.

어떤 펭귄이 어디에서 살고 있을까?

펭귄은 남극에서만 산다? 답은 X야. 18종의 펭귄이 남극을 비롯해서 아프리카, 오스트레일리아 등 남반구 넓은 지역에 흩어져서 살고 있어. 가장 많은 수의 펭귄이 사는 곳은 남극이란다.

아프리카펭귄 ---- 남아프리카 공화국

쇠푸른펭귄 ---- 오스트레일리아

황제펭귄

턱끈펭귄

젠투펭귄

아델리펭귄

마카로니펭귄

남극

갈라파고스펭귄

갈라파고스제도

노란눈펭귄   피오르드랜드펭귄   쇠푸른펭귄   흰날개펭귄

훔볼트펭귄

마젤란펭귄

칠레

아르헨티나

뉴질랜드

로열펭귄   스네어스펭귄   바위뛰기펭귄   선눈썹펭귄

뉴질랜드 및
남극 주변 바다

사우스조지아섬

임금펭귄   젠투펭귄   마카로니펭귄

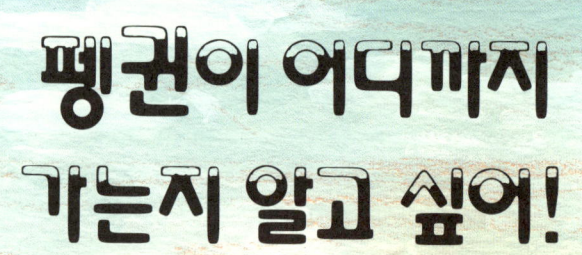

펭귄이 어디까지 가는지 알고 싶어!

　어느덧 12월 중순, 남극에서 가장 따뜻한 시기가 되었어. 한국은 추운 겨울이지만 남반구는 지금이 여름이야. 남극의 여름은 아델리펭귄이 알에서 부화한 새끼에게 먹이를 주는 계절이지. 부모 펭귄들은 앞으로 얼마간은 정신없이 바쁠 거야. 날마다 바다로 나가 먹이를 사냥하고 다시 둥지로 돌아와 새끼들을 먹여야 하거든.

　내가 궁금한 점은 '펭귄이 정확히 어디에서 어떤 먹이를 잡을까?' 하는 거야. 바다를 헤엄쳐 멀리 사라지는 펭귄을 사람이 쫓아다니는 건 불가능해. 그래서 몇 가지 장비들을 챙겨 왔지. 이번 실험에서 주로 사용할 장비는 GPS, 비디오카메라, 수심기록계 이렇게 세 가지야. GPS는 인공위성에서 받은 정확한 위치 좌표를 기록할 거고, 비디오카메라에는 어떤 먹이를 잡았는지 영상이 남을 거야. 그리고 수심기록계에는 얼마나 깊이 잠수했는지가 나오겠지. 그 정보들을 종합하면 펭귄이 어디로 헤엄쳐 가서 어떻게 먹이 활동을 했는지 추측할 수 있어.

이렇게 동물의 몸에 다양한 기기를 부착해 인간의 눈을 대신해서 동물의 행동을 조사하는 방법을 '바이오 로깅(bio-logging)'이라고 해. 첨단 기기가 발달하면서 그전까지 몰랐던 동물의 생활을 조금 더 알게 되었단다.

기상예보에 따르면 앞으로 며칠간 날씨가 좋다고 해. 번식지 옆에 텐트를 쳐 놓고 관찰할 수 있는 절호의 기회가 온 거지. 우리는 아침 일찍 짐을 챙겨서 헬리콥터에 올라탔어. 장보고 기지에서 남쪽으로 약 30킬로미터 떨어진 인익스프레서블섬이 우리의 목적지야. 헬리콥터를 타면 15분 만에 도착할 수 있는 가까운 곳이야.

번식지에서 적당히 떨어진 곳에 텐트를 쳤어. 그리고 준비해 온 장비를 챙겨서 펭귄 둥지가 있는 곳으로 들어갔지. 그곳에는 아델리펭귄 약 2만 쌍이 번식하고 있어. 둥지가 끝없이 이어져 있어서 시작 지점에서 끝이 한눈에 보이지 않을 정도지. 그렇게 많은 둥지를 다 조사할 순 없었어. 가지고 있는 장비는 서른네 개밖에 없었기 때문에, 펭귄 서른네 마리를 골라야 했어. 선정 기준은 간단해. 가장 건강해 보이는 녀석을 선택하는 거야. 그래야 바다에 나갔다 다시 돌아올 확률이 높아지거든.

물론 겉으로 봐서 건강한 녀석을 쉽게 알긴 힘들어. 그래서 가장 몸이 뚱뚱한 펭귄을 골랐단다. 다른 펭귄보다 몸집이 크다면 그만큼 먹이 사냥을 잘해서 많이 먹었다는 뜻일 테니까. 그리고 새끼들도 튼실하게 잘

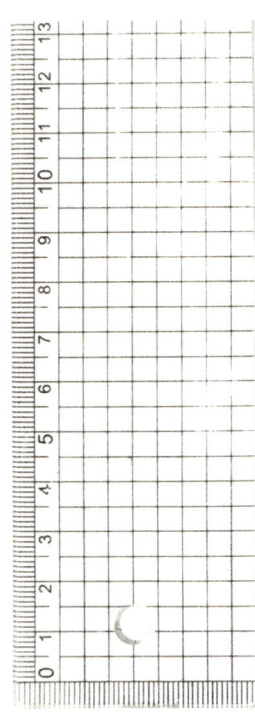    

① ② ③ ④

펭귄에 대해 조사할 때 쓰는 장비야. 왼쪽부터 차례대로 봐.

① 수심기록계 : 잠수할 때 수압을 측정하여 깊이를 기록해.
② GPS 위치기록계 : 펭귄이 수면에 올라왔을 때 GPS 위성 좌표를 기록해.
③ 위치·가속도기록계 : GPS 위성 좌표 및 가속도를 동시에 기록해. 위치와 함께 수영할 때 속도 변화량을 함께 표시하지.
④ 비디오카메라 : 펭귄 등에 부착하여 먹이를 잡는 순간을 촬영해.

크고 있는지를 확인했지.

 펭귄을 향해 조심스럽게 다가갔어. 펭귄을 놀라게 하지 않기 위해 느린 걸음으로 아주 천천히 걸어갔지. 그런 다음 고깔 모양으로 된 천을 얼굴과 몸통에 씌웠어. 눈을 가리면 펭귄을 잡는 게 한결 쉬워지거든. 날개를 압박하면 몸통을 잘 고정할 수도 있고.

 지금은 잡는 데 1분도 채 걸리지 않지만 처음부터 이렇게 쉽진 않았어. 너무 성급하게 다가갔다가 펭귄이 눈치채고 금방 도망가기도 했고, 붙드는 과정에서 펭귄을 놓치는 바람에 날개와 부리로 공격을 당해 온몸에 멍이 들고 피가 나기도 했지. 펭귄은 내가 자기를 잡아먹으려는 포식자라고 생각했을 거야. 잠시라도 틈이 생기면 필사적으로 몸부림을 치기 때문에 움직이지 못하게 잘 붙드는 기술이 필요해.

 그동안 펭귄 수백 마리를 잡으면서 이제 조금은 요령을 터득한 것 같아. 펭귄을 붙잡으면 연구를 보조해 주는 다른 친구에게 펭귄을 안고 있어 달라고 부탁해. 그리고 준비해 온 GPS, 비디오카메라, 수심기록계를 재빨리 꺼내지.

 이제 펭귄 몸에 장비를 부착할 차례야. 가장 먼저, 등에 난 깃털을 조금 들어 올려 그 밑으로 방수 테이프를 끼워 넣어. 그리고 깃털 위에 장비를 놓고 테이프를 말아 올려서 서로 엇갈리게 붙이지. 그다음 접착제

고깔 모양 천을 씌워서 붙잡은 펭귄 등에 장비를 부착했어. 펭귄에게 최대한 스트레스를 덜 주기 위해 노력하고 있어. 발걸음도 조심조심, 목소리도 거의 내지 않지. 그래도 펭귄은 놀랄 테니까 미안한 마음이 들기도 해.

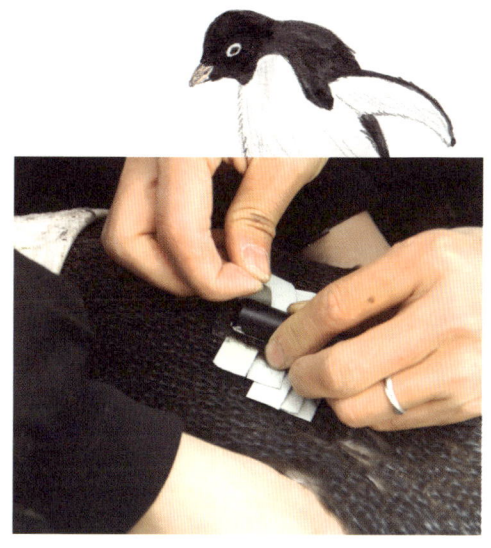

를 바르고 입으로 불어서 말리는 거야. 이렇게 하면 테이프, 장비, 깃털이 엉겨 붙어서 쉽게 떨어지지 않아. 펭귄이 물속을 빠르게 헤엄쳐도 그대로 붙어 있을 수 있지.

내가 사용하는 장비는 크기가 매우 작아. 엄지손가락 정도 크기밖에 되지 않고 무게도 100그램이 채 나가지 않는단다. 오랫동안 붙여 놓는 것은 아니고, 펭귄이 바다에 나갔다가 둥지로 돌아올 때까지 길어야 나흘 안으로 다시 떼어 줄 예정이란다. 크게 불편하진 않을 거야. 그래도 펭귄이 느낄 스트레스를 줄이기 위해 최대한 빨리 일을 마쳤어. 장비를 부착하는 작업은 5분이 채 걸리지 않아.

마지막으로 염색약으로 펭귄 배에 숫자 '1'을 쓰고 놓아줬어. 나중에 장비를 회수할 때 내가 잡았던 펭귄이 맞는지 확인하기 위해서지. 이제 살았다 싶었는지 펭귄은 짝을 부르는 울음소리를 내며 자기 둥지로 돌아가서 새끼들을 확인했어. 그리고 이내 바다로 걸어가기 시작했단다. 나는 펭귄이 문제없이 바다로 나가는 걸 확인한 뒤, 다음에 잡을 2번 펭귄을 고르기 시작했지. 이렇게 쉬지 않고 반복하는 동안 여덟 시간이 넘게 흘렀어. 마지막 펭귄 배에 34번을 쓸 때까지 온몸에 땀이 흘러서 추운 줄도 몰랐지. 이제 내일부터는 기다리는 일만 남았어. 펭귄들이 무사히 돌아오기를 빌었어.

펭귄을 잡았다가 놓아주는 일을 반복하다 보면 방진복이 다 찢어지기도 해. 가끔 펭귄 날개에 맞아서 몸에 시커먼 멍이 들기도 하고.

　펭귄에게 장비를 달아 준 그날 밤부터 번식지 근처에 친 작은 텐트에서 기다리기 시작했어. 예전에 다른 연구자들의 경험에 따르면 펭귄이 바다에 다녀오는데 평균 이틀 정도 걸린다고 했지만, 혹시나 하는 마음에 미리 나와 봤어. 평균 이틀이란 얘기는 어떤 애들은 하루 만에 올 수도 있고 어떤 애들은 사흘 만에 올 수도 있단 뜻이거든.

　자정이 넘어서 잠들었다가 오전 5시에 다시 일어나서 확인했지만 아직 돌아온 펭귄은 없었어. 아침으로 사과를 먹고 나왔는데도 아무도 돌아오지 않았지. 내가 너무 일찍 기다리기 시작했나 하는 생각이 들기 시작했어. 춥고 졸리긴 했지만 언제 돌아올지 모르는 녀석들을 생각하며 하염없이 바다만 바라봤어.

　오전 11시 무렵, 드디어 장비를 달고 있는 펭귄이 나타났어. 바다를 다녀온 펭귄은 배가 불룩 나와 있지. 쌍안경으로 확인해 보니 배에 숫자 '7'이 쓰여 있었어. 나는 포획망을 챙겼어. 어제 처음 잡아서 장비를 달

포획망을 들고 살금살금 다가가서 재빨리 붙잡아야 해.

바다에서 먹이를 얼마나 먹었는지 알아보려고 펭귄 무게를 재는 거야.

아 줄 때는 고깔 모양 천으로 충분했지만, 한 번 더 잡으려면 커다란 잠자리채처럼 생긴 포획망이 필요해. 사람에게 잡히고 나면 경계심이 커지기 때문에 접근을 허용하는 거리가 멀어지거든. 그래서 잠자코 길목을 지키고 있다가 포획망을 재빨리 뻗어야 잡을 수 있어.

7번 펭귄을 잡아 천으로 감싼 뒤 저울에 달아 무게를 쟀어. 용수철저울이 가리킨 수치는 5.3킬로그램. 바다로 가기 전과 비교하면 0.4킬로그램 늘었지. 바다에서 먹이를 배 속에 담아 왔기 때문에 그만큼 무게가 늘어난 거야.

무게를 확인한 뒤에 펭귄을 껴안았어. 자리에 앉아 왼팔로 펭귄을 감싸는 거지. 그렇게 하면 펭귄을 단단히 고정할 수 있거든. 그리고 오른손으로 캘리퍼스라고 하는 작은 자를 꺼냈어. 조류의 몸 수치를 잴 때 쓰는 도구인데, 0.1밀리미터 단위까지 세밀하게 잴 수 있단다. 나는 왼손으로 펭귄의 부리를 잡아 천 밖으로 꺼냈어. 아주 미세한 차이지만 펭귄 암컷과 수컷은 부리가 조금 다르게 생겼거든. 수컷 부리가 조금 더 길고 두껍지. 이렇게 부리를 측정하면 암수를 구분할 수 있어. 7번 펭귄의 부리를 측정해 보니 길이는 35.5밀리미터, 두께는 19.2밀리미터였어. 부리 길이는 많이 길지 않지만 이 정도면 꽤 두꺼운 편이야. 수컷이 아닐까 싶어.

부리 길이

두께

어느 쪽이 암컷일까? 펭귄을 그냥 봐서는
누가 암컷이고 수컷인지 알기가 어려워.
하지만 부리 길이와 두께를 측정하는
방법으로 암컷과 수컷을 구별할 수 있어.

그리고 펭귄에게 부착한 장비를 떼어 냈어. 손톱으로 테이프 끝을 조심스레 들어 올린 뒤 깃털을 하나씩 분리했지. 바닷물에 한동안 젖어 있어서 잘 떨어졌어. 이제 작업은 다 끝났어. 기다리는 시간은 오래 걸렸지만 장비를 회수하는 작업은 불과 3분 만에 마무리됐지.

수거한 장비를 주머니에 넣고서 펭귄을 안고 둥지 근처로 갔어. 둥지에는 짝이 새끼 두 마리를 품고 있었지. 나는 펭귄 눈을 가렸던 천을 걷어 내 짝과 새끼들을 볼 수 있게 했어. 그리고 약 3미터 정도 떨어진 곳에서 펭귄을 놓아주었지. 7번 펭귄은 곧장 짝 옆으로 뛰어가서는 "으엥으엥으엥" 하는 울음소리를 내며 머리를 곧게 세운 채 양옆으로 흔들었어. 둥지에 있던 짝은 그에 맞춰 소리를 내며 같이 머리를 흔들었지. 바다에서 돌아온 짝을 확인하는 의식이야. 그렇게 서로를 확인한 부부는 자리를 맞바꿨어.

바다에서 배를 불려 온 펭귄은 둥지에서 기다린 새끼들에게 먹이를 주기 시작했어. 그동안 배고팠는지 어떤 녀석은 아예 입속으로 머리를 넣고서 받아먹었어. 가끔 새끼가 제대로 받아먹지 못해 흘린 덩어리가 있어서 들여다보면 대부분 크릴이었어. 크릴은 작은 새우처럼 생긴 갑각류야. 열심히 사냥한 크릴을 이렇게 새끼들에게 먹이는 거지. 바다에 잘 다녀왔구나 하는 안도감이 들었어.

7번 펭귄을 시작으로 갑자기 펭귄들이 몰려오기 시작했어. 오후에만 열네 마리가 돌아왔단다. 나는 앞서 했던 것과 같은 방식으로 무게를 달고 장비를 회수한 뒤 펭귄들을 둥지 앞에 놓아주었어. 밤늦게야 일을 마치고 텐트로 돌아왔어. 아직 스무 마리가 더 남아 있단다. 다들 지금쯤 남극 바다 어딘가를 헤엄치고 있겠지? 늦어도 하루나 이틀만 더 기다리면 모두 돌아올 수 있을 거야. 오늘 펭귄들에게 돌려받은 기계는 잘 닦아서 번호를 붙이고 배낭에 넣었어.

　이 녀석들은 지난 하루 동안 어디까지 다녀왔을까? 얼마나 깊이 잠수했을까? 장비를 컴퓨터로 연결해서 분석해 보면 확실히 알 수 있겠지. 장비 안에 담긴 정보가 너무 궁금했지만 기지로 돌아가서 컴퓨터를 쓰기 전까진 조금 참기로 했어.

　내가 연구하는 동물은 펭귄이지만, 번식지에서 조사하다 보면 펭귄 말고도 많은 동물을 만나게 돼. 특히 이번 조사에서는 도둑갈매기를 수시로 마주쳤어. 도둑갈매기는 갈매기와 비슷하게 생겼는데 종종 다른 동물이 사냥한 먹이를 가로채기 때문에 '도둑'이란 이름이 붙여졌어. 스스로 먹이를 구할 때가 훨씬 더 많은데, 도둑갈매기 입장에서는 조금 억울할 것 같아.

　도둑갈매기는 펭귄의 알과 새끼를 노리는 포식자야. 하지만 도둑갈매기도 번식을 해야 하기 때문에 자기 새끼에게 줄 먹이가 필요해. 가끔 길을 걷다 보면 한쪽 구석에서 "악 악악" 하고 큰 소리로 우는 도둑갈매기 암컷을 마주칠 때가 있는데, 가까이 가서 보면 그곳엔 둥지가 있어. 펭귄과 마찬가지로 보통 두 개의 알을 낳아서 3주가량 따뜻한 온기로 알을 품어 준단다.

　바닷가에서는 포유동물도 만날 수 있어. 가장 흔하게 만난 동물은 웨

펭귄과 웨델물범은 서로 무관심해.

표범물범은 펭귄에게 두려움의 대상이지.

ⓒ 서명호

펭귄 번식지가 있는 해빙 경계에 범고래가 모여들었어.

ⓒ 서명호

델물범인데 주로 해안 가까이에서 한두 마리가 누워서 잠을 자고 바다로 돌아가지. 웨델물범은 주로 물고기를 먹고 살기 때문에 펭귄들과 평화롭게 지내는 편이야. 한번은 펭귄 둥지 바로 옆에서 웨델물범 한 마리가 자고 있었는데, 서로 전혀 신경 쓰지 않더라고.

하지만 표범물범이 나타나면 이야기가 달라지지. 표범물범은 몸 크기가 웨델물범과 비슷하지만 날카로운 이빨과 빠른 수영 실력으로 펭귄을 사냥하는 포식자야. 행여나 표범물범이 나타나면 펭귄들은 혼비백산 달아나지. 표범물범 한 마리 배 속에 무려 아델리펭귄 열여덟 마리가 들어 있었다는 기록도 있어.

펭귄이 물속으로 들어가는 길목에는 표범물범뿐만 아니라 범고래도 지키고 있어. 범고래의 영어 이름은 킬러 웨일(killer whale). 글자 그대로 무시무시한 바다의 포식자란다. 펭귄이 가장 겁내는 동물이지.

땅으로 눈을 돌려 볼까? 잘 알려지지 않은 사실이지만 남극의 여름에는 꽤 많은 식물이 살아간단다. 가장 흔하게 보이는 식물은 이끼야. 눈이 녹아서 생긴 수분을 머금고 자라나. 평균 기온이 영상으로 올라가고 하루 종일 햇볕이 내리쬐기 때문에 태양이 주는 에너지를 받아 광합성을 할 수 있어. 게다가 펭귄이 배출한 똥이 흙 속으로 흘러들면서 많은 영양분을 얻을 수 있지.

세종 기지가 있는 킹조지섬은 남극에서도 따뜻한 곳이기 때문에 식물을 많이 볼 수 있어. 아래는 현화식물의 일종인 남극 좀새풀이야. 낮은 기온에서도 살아갈 수 있는 능력이 뛰어나서 남극에 적응했어.

짧은 여름이 끝나고 나면 이제 길고 긴 겨울이 올 거야. 하지만 너무 걱정할 필요는 없어. 남극에 사는 식물은 오랜 세월 극한 환경에 맞서 살아오면서 낮은 기온에도 잘 견딜 수 있는 능력을 갖췄단다. 추운 겨울에는 잔뜩 몸을 웅크리고 버티고 있다가 다시 따뜻한 계절이 오면 광합성을 시작할 거야.

펭귄을 관찰하다 보면 이렇게 많은 생명을 함께 마주하게 돼. 남극에서 펭귄 혼자 살 수는 없거든. 펭귄을 노리는 포식자도 있고, 펭귄이 있기 때문에 살아가는 식물도 있어. 그래서 한 동물을 연구하다 보면 이를 둘러싼 생태계를 함께 알아 가게 된단다.

　어제부터 이틀째 거센 눈보라가 몰아쳤어. 초속 15미터가 넘는 강풍이었지. 텐트가 계속 흔들렸고, 밖에서 제대로 서 있기조차 힘든 날씨였어. 이렇게 궂은 날엔 야외 조사를 할 수가 없단다. 배를 채우기 위해 누룽지 조각에 물을 넣고 끓여서 간단히 식사를 해결했어. 그리고 텐트에서 책을 읽으며 시간을 보냈어. 책장을 넘길 때마다 손이 시리고 코끝이 차갑게 얼었지만, 손난로 여러 개를 침낭 속에 넣어 둔 덕분에 몸은 따뜻했어.

　펭귄은 이런 날씨에 어떻게 버티고 있을까? 나는 텐트 안에서 손난로를 비비며 버텼지만, 밖에서 추운 바람을 그대로 맞고 있을 펭귄이 걱정되었단다. 나는 두꺼운 장갑과 모자로 몸을 감싸고서 번식지에 가 보기로 했어.

　아델리펭귄은 바람 부는 방향으로 일제히 등을 돌린 채 새끼들을 품고 있었어. 행여나 새끼들이 눈보라를 맞을까 가슴 털로 잘 감싸고 바람을 막았지. 새끼들은 부모 품속에서 최대한 몸을 웅크리고 서로 체온을 나누었어. 다 큰 펭귄은 온몸이 두꺼운 깃털로 덮여 있기 때문에 추위에 강해. 하지만 새끼들은 아직 솜털이 보송보송한 상태라서 스스로 추위에 맞설 힘이 없단다. 이런 날씨에 부모가 따뜻하게 품어 주지 않는다면 금방 체온이 떨어져서 죽을지도 모르지.

추위에 몸을 웅크리던 새끼들은 배가 고픈지 가끔 고개를 들어 "삐익 삐익" 하는 소리를 내며 부모의 부리 끝을 쪼았어. 이렇게 기온이 떨어졌을 땐 더 많은 에너지가 필요하단다. 새끼들은 추위와 싸우면서 동시에 배고픔과도 싸워야 해. 부모는 새끼들의 요구에 맞춰 틈틈이 먹이를 토해 줬어. 며칠 전 바다에서 사냥한 크릴을 배 속에 담고 있다가 반쯤 소화된 상태로 조금씩 뱉어 주는 거지.

하늘에는 도둑갈매기가 낮게 날고 있었어. 거센 바람에 몸을 휘청거리면서도 먹이를 노리는 눈빛은 날카로웠지. 이런 날씨일수록 펭귄의 알과 새끼가 노출될 가능성이 높기 때문인지 번식지 주변을 맴돌았어. 도둑갈매기가 펭귄 둥지 가까이 다가오자 부모들은 일제히 고개를 흔들고 날카로운 소리를 내며 방어했어. 새끼를 품고 있지 않은 녀석들은 도둑갈매기 가까이 뛰어가서 쫓아내려는 동작을 하기도 했지. 도둑갈매기는 여러 번 사냥을 시도했지만 내가 보고 있던 두 시간 동안 한 번도

성공하지 못했어. 펭귄을 생각하면 마음속으로 안심이 되었지만, 다른 한편으로 도둑갈매기 걱정도 되었어. 도둑갈매기 새끼들도 분명 지금 둥지에서 먹이를 기다리고 있을 텐데 괜찮을까?

펭귄을 살펴보고 텐트로 돌아오는 길에 도둑갈매기 둥지 두 군데를 들렀어. 한 둥지에서는 새끼가 보이지 않았고, 다른 둥지에서는 주먹만 한 크기의 작은 새끼 한 마리가 눈에 띄었어. 도둑갈매기는 보통 두 개의 알을 낳지만, 올해는 알이 하나만 있는 둥지가 유난히 많았거든. 아무래도 올해 도둑갈매기의 번식 상황은 안 좋은 것 같아. 그나마 있던 새끼 한 마리도 먹이를 많이 먹지 못했는지 조금 야윈 모습이었어. 내가 있는 동안 수컷 한 마리가 날아와 새끼에게 먹이를 주고 다시 떠났어. 도둑갈매기 역시 부지런히 사냥하며 새끼를 열심히 돌보고 있다는 걸 확인했지.

다시 텐트로 돌아와 자리에 누웠는데 바람은 더욱 거세졌고, 공기가 점점 차가워지면서 뺨이 시렸단다. 밖에 있는 동물들도 오늘 밤을 잘 견뎌야 할 텐데. 추운 날씨 탓인지, 펭귄과 도둑갈매기 걱정 탓인지 잠들기까지 시간이 한참 걸렸어.

도둑갈매기 한 쌍이 주위를 둘러보고 있어. 새끼 도둑갈매기는 둥지를 떠나 걷기 시작했지.

기지로 돌아갑니다

"기지로 복귀할 준비를 하세요. 지금 헬리콥터가 여러분을 데리러 갑니다."

12일간의 조사 일정이 끝나 장보고 기지로 다시 돌아갈 때가 되었어. 날씨가 좋아져서 참 다행이야. 며칠 전부터 돌아가려고 했지만 궂은 날씨가 계속되어서 텐트에서 대기하고 있어야 했거든. 헬리콥터가 안전하게 하늘을 날기 위해서는 날씨가 좋아야 하는데 그동안 계속 바람이 많이 불고 구름이 잔뜩 끼어 있었어. 남극에서 연구자들끼리 흔히 '남극 날씨는 아무도 모른다'라고 얘기해. 하루에도 몇 번씩 날씨가 바뀌거든. 그래서 늘 비상시를 대비하고 있어야 해. 성인 한 명이 들어갈 만큼 커다란 가방에는 상비약과 방한용품이 들어 있어. 그리고 연구자 네 명이 적어도 2주 이상은 버틸 수 있는 식량도 마련해 왔단다.

침낭을 말아서 공기를 빼고, 텐트를 접었어. 그리고 펭귄에게서 회수한 소중한 장비들을 다시 한번 확인한 뒤 배낭에 잘 넣었어. 헬리콥터는 우리를 싣고 금세 기지로 돌아갔지.

지난 며칠 동안 제대로 씻지 못해서 머리도 간지럽고 온몸이 근질근질했단다. 하지만 기지에 돌아오자마자 먼저 컴퓨터를 켰어. 펭귄이 가져온 정보가 너무 궁금해서 참을 수가 없었거든. 펭귄에게 달아 주었던 장비들을 연결하고, 거기에 담긴 정보를 컴퓨터에 내려받았어. 내가 사용한 GPS는 30초에 한 번, 수심기록계는 1초에 한 번씩 수치를 기록하기 때문에 정말 많은 정보가 담겨 있어. 그래서 그 내용을 분석하는 작업에도 시간이 오래 걸린단다. 펭귄 한 마리에게서 얻은 GPS 좌표와 수심을 분석하는 일에만 꼬박 두 시간이 넘게 걸렸어. 서른네 마리를 모두 분석하려면 밤낮으로 일해도 사흘은 걸릴 거야.

GPS 신호는 컴퓨터에서 분석을 거친 뒤 지도 위에 표시했어. 30초에 한 번씩 표시된 좌표는 둥지에서 시작해 바다로 이어졌다가 크게 원을 그리며 다시 둥지에서 끝났지.

가장 먼저 돌아온 7번 펭귄은 어디까지 헤엄쳤을까? 약 20시간 동안 바다 남동쪽 방향으로 20킬로미터 떨어진 곳까지 다녀왔어. 그렇다면 가장 늦게 온 펭귄은 어땠을까? 23번 펭귄은 동쪽으로 60시간 동안 120킬로미터나 이동했더라고. 아직 더 자세한 분석 과정이 남아 있지만, 예상했던 것보다 펭귄은 훨씬 먼 거리까지 헤엄쳐 먹이를 찾는 것을 알 수

펭귄은 어디까지 갔다 왔을까?

펭귄에게 붙였던 GPS와 수심기록계에 담긴 정보를 분석해 보면 알 수 있어.

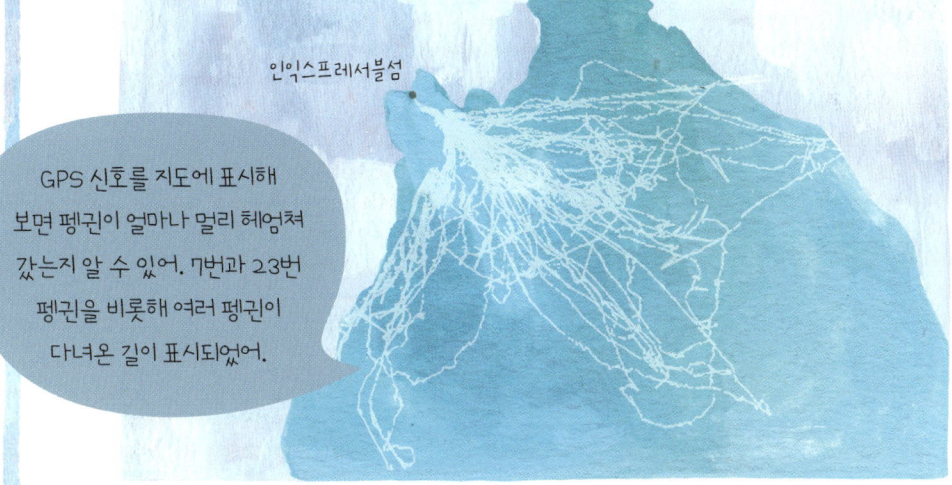

GPS 신호를 지도에 표시해 보면 펭귄이 얼마나 멀리 헤엄쳐 갔는지 알 수 있어. 7번과 23번 펭귄을 비롯해 여러 펭귄이 다녀온 길이 표시되었어.

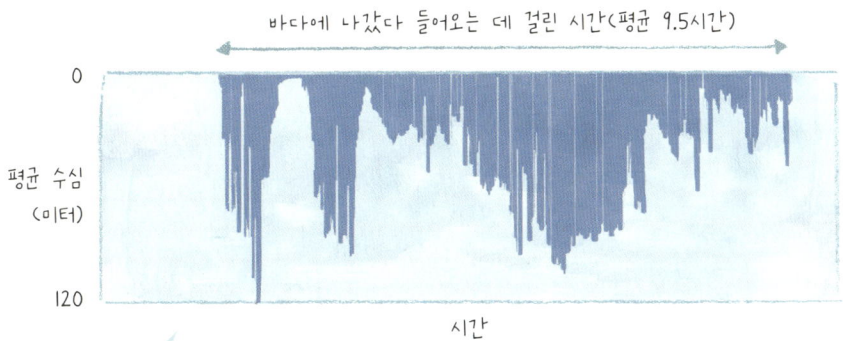

수심기록계에서 얻은 데이터를 그래프로 나타내면 펭귄이 바다에서 얼마나 시간을 보냈는지 알 수 있지. 이 그래프는 2007년 1월 2일에 젠투펭귄이 바다에 다녀온 잠수 기록이야.

있었단다.

　다음으로 수심기록계를 확인했어. 물속 깊이 들어갈수록 압력이 커진다는 원리를 이용한 기계인데, 1초마다 압력이 기록되어 얼마나 깊이 잠수했는지를 알 수 있단다. 7번 펭귄에게 기록된 정보를 먼저 찾아봤는데, 녀석은 약 90미터까지 들어가서 먹이를 찾은 것으로 확인됐어. 더 깊게 잠수한 펭귄도 있지 않을까 하는 생각에 가장 오래 헤엄쳤던 23번 펭귄의 기록도 살펴봤지. 이 녀석은 105미터까지 들어가기도 했어. 아델리펭귄이 100미터까지 잠수하는 건 그리 어렵지 않은 것으로 보였지.

　그렇다면 다른 펭귄은 어떨까? 4년 전 세종 기지 근처 펭귄 마을에서 젠투펭귄을 조사했을 때 180미터까지 잠수한 기록도 있단다. 펭귄 가운데 가장 깊이 잠수한 종은 황제펭귄인데 565미터가 기록된 적도 있었지. 게다가 최근에는 황제펭귄이 32분 동안 숨을 참았다는 결과도 보고되었어.

　사람은 물속 깊이 들어가면 수압을 견디지 못하는데 펭귄은 어떻게 그렇게 깊이 헤엄칠 수 있을까? 펭귄 몸에는 압력을 버틸 수 있는 공기 주머니가 들어 있지. 그리고 헤엄치는 동안 산소가 부족해지면 산소 없이도 에너지를 만들어 내는 능력이 탁월하단다. 지금 남극에 살고 있는 펭귄의 조상을 거슬러 올라가다 보면 6천만 년 전 뉴질랜드 해

펭귄에게 달아 준 비디오카메라에 찍힌 모습이야. 먹이를 향해 다가가는 중이지.

물속에서 먹이를 사냥하는 아델리펭귄이야. 긴 막대기에 카메라를 달아서 물속에 넣고 찍은 거야.

ⓒ 서명호

안에 닿게 되는데, 그때부터 이미 잠수를 잘해서 물속을 누비는 데 특화된 동물이었다고 해. 긴 진화의 역사 속에서 잠수에 알맞게 몸 구조가 잘 적응한 결과야.

이번 조사에서 가장 오래 헤엄친 23번 펭귄은 몸길이가 70센티미터에 몸무게가 4.3킬로그램이야. 내가 메고 다니는 배낭보다도 크기가 작아. 하지만 이 작은 새가 120킬로미터 떨어진 곳까지 헤엄쳐 갔다가 정확히 자기 둥지를 찾아 돌아온다는 것, 그리고 100미터쯤은 어렵지 않게 잠수할 수 있다는 사실이 밝혀졌어. 정말 대단하지? 이렇게 오늘 나는 아델리펭귄에 대해 조금 더 알게 되었어.

🐧 펭귄은 어떻게 차가운 바다에서 잠수를 잘할까?

펭귄 몸은 잠수를 하는 데 최적화되어 있어. 어떤 점이 있는지 살펴볼까?

소금을 걸러 내는 기관인 염선

유선형 몸과 지느러미처럼 변형된 날개

촘촘한 방수 깃털

차가운 물을 견딜 수 있는 두툼한 피하지방

물갈퀴가 달린 두 발

단단하고 속이 꽉 차 있는 펭귄 뼈

구멍이 숭숭 뚫려 있는 일반 조류 뼈

　이번 연구를 통해서 펭귄이 먹이를 구하는 지역과 잠수 깊이에 대해 조금 알게 되었어. 하지만 여전히 모르는 것이 훨씬 더 많단다. 예를 들면, 번식기가 끝나고 펭귄이 어디에서 겨울을 나는지 제대로 알려지지 않았어. 펭귄도 계절에 따라 이동하는 철새지만 여름이 끝난 뒤에 어디에서 어떻게 지내는지 잘 몰라. 펭귄을 장기간에 걸쳐 추적할 수 있는 작은 장치들을 개발 중인데, 만약 이런 기계를 사용한다면 겨울철 행동에 대한 비밀도 밝힐 수 있을 거야. 펭귄은 하루에 얼마나 자라는지, 언제쯤 둥지를 떠나는지도 궁금해. 다른 펭귄들과 어떻게 대화를 하는지, 먹이가 있는 곳은 어떻게 알고 찾아가는지도 알고 싶어.

　연구를 하면 할수록 펭귄에 대해 더 알고 싶은 게 생겨. 하지만 사람이 펭귄에게 미치는 영향에 대해 알게 되면서 펭귄을 다른 눈으로 보게 되었어. 연구자로서 가능한 펭귄에게 예의를 지켜야겠다는 생각을 했단다. 연구를 한다는 이유로 펭귄에게 피해를 주어서는 안 되니까. 그래서 펭귄에게 다가갈 때 방해가 되지 않으려고 최대한 노력했어. 발걸음도 조심했고, 목소리도 거의 내지 않았지. 펭귄 둥지 근처에서는 거의 손짓과 발짓으로만 다른 연구원과 소통했어.

요즘 가장 관심 있는 주제는 펭귄이 겪고 있는 변화야. 펭귄은 남반구 전역에 걸쳐 총 18종이 살고 있는데, 그 가운데 13종이 '멸종 위기 근접' 종으로 분류되어 있어. 개체 수가 빠르게 감소하고 있기 때문에 제대로 보호하지 않는다면 지구에서 영영 보지 못할 수도 있지.

특히 아프리카펭귄과 갈라파고스펭귄은 '위험' 단계란다. 펭귄들을 이렇게 위기에 빠뜨린 원인은 무엇일까? 가장 큰 위협은 사람의 활동에 따른 영향이야. 아프리카펭귄은 남아프리카공화국 남쪽 해안에 걸쳐서 살기 때문에 사람이 사는 곳과 겹쳐. 그래서 사람들이 만들어 내는 오염 물질에 그대로 노출되지. 특히 사람들이 물고기를 많이 잡아 가는 바람에 먹이가 줄어들었다고 해. 갈라파고스펭귄 역시 사람이 가장 큰 위협이야. 가장 숫자가 적은 종인데 이제 1천 쌍 이하만 남아 있어. 서식지 인근에 배가 지나는 길이 있어서 늘 위험이 있거든. 갈라파고스제도에 구경 온 관광객들도 펭귄에게 피해를 주고 있어.

사람들은 펭귄이 귀엽다고 좋아하지만, 정작 펭귄은 사람 때문에 많은 스트레스를 받고 있단다. 펭귄 서식지는 관광 상품으로 개발되어 사

남아프리카공화국 남쪽 해안에서 서식하는 펭귄들은 구경하러 몰려든 사람들 때문에 큰 스트레스를 받고 있어.

람들이 많이 찾아. 둥지를 만들고 새끼를 키우는 기간에 사람들이 자꾸 다가와서 사진을 찍고 방해한다면 어떻게 될까? 겉으로는 아무렇지 않아 보여도 사람이 가까이 다가가면 펭귄의 심장 박동수는 크게 증가하고, 자세히 보면 날개를 미세하게 떨기도 해. 관광객들에게 자주 노출된 펭귄은 스트레스 호르몬이 증가하면서 번식 활동에도 부정적인 영향을 받아.

남아프리카공화국뿐 아니라 예전에 비해 많은 사람이 남극을 방문하기 때문에 남극 펭귄도 사람들에게 노출되는 일이 많아졌어. 그래서 한국은 지난 2009년, 세종 기지 인근에 있는 펭귄 번식지를 보호구역으로 지정하자고 남극조약에 가입한 국가들에 제안했어. 모든 회원국이 찬성했고, 번식지는 '남극 특별 보호구역 171번'으로 지정되어 보호받고 있단다. 연구자들은 매년 꾸준히 펭귄들의 번식 상황을 조사하고 있어.

2019년에 열린 남극 회의에서는 한국, 중국, 이탈리아가 공동으로 인익스프레서블섬을 특별 보호구역으로 지정하자고 제안했어. 이 제안이 통과되면, 보호구역으로 들어가려는 사람은 각 나라 외교부에서 미리 허가를 받아야 한단다. 인익스프레서블섬에 사는 아델리펭귄도 이제 보호 대상이 된 거야.

세종 기지 인근에는 빙하가 사라지고 있는 지역도 있어. 해마다 10미터 이상 빙하가 녹아서 사라지기 때문에 변화를 눈으로 확인할 수 있어. 그런 모습을 직접 마주하고 나면 기후변화를 실감하게 된단다. 급격한 기후변화로 최근에 황제펭귄의 번식률이 크게 떨어졌다는 연구 결과도 나왔어. 그리고 이런 현상이 남극에서만 벌어지는 일이 아니라, 조만간 우리에게도 닥칠 일이라 걱정스러운 마음이 생겨.

■ 나가는 말 ■

마음이 가까워지는 것

　두 달 남짓 걸린 현장 연구를 모두 마무리하고 한국으로 돌아왔어. 바로 다음 날 연구소가 있는 인천으로 출근했는데 한동안 생활 리듬을 회복하기가 어려웠단다. 미세먼지로 뿌옇게 흐려진 도로로 차를 타고 가면서 어지러움을 느꼈어. 시차 때문만은 아니야. 나도 모르게 남극의 투명하고 깨끗한 하늘을 떠올렸어. 남극에서는 당연하다고 생각하며 들이마셨던 공기, 그리고 햇빛을 반사하며 반짝이던 하얀 눈과 얼음이 소중하게 느껴졌어.
　'왜 멀고 험한 남극에서 일하세요?'
　이런 질문을 받으면 남극의 자연을 묘사하는 것으로 답을 대신해. 눈이 부시도록 하얀 얼음이 끝없이 펼쳐져 있는 곳에서 멋진 풍경을 만끽하면서 연구할 수 있다는 건 큰 행운이라고 생각해. 게다가 펭귄을 매일 볼 수도 있다니 신나는 일 아니겠어? 물론 지치고 힘들 때도 있지만 펭귄을 보고 있으면 금세 피로가 사라진단다.
　펭귄이 살아가는 모습을 가만히 들여다보면 정말 치열하게 살고 있다는 것을 느낄 수 있어. 척박한 환경에 적응해서 최선을 다해 헤엄을 치고 먹이를 잡아 오는 모습을 보면서 펭귄을 존중하게 되었어. 과학자가 연구 대상을 대할 때는 거리를 두고 객관적인 입장에서 관찰해야 하지만, 이들을 보고 있으면 나도 모르는 사이에 마음이 가까워져. 펭귄을 연구하는 동안 진심으로 그들을 사랑하게 되었어. 그리고 그들에게서 많은 위로를 받고 있단다.

멸종 위기에 처한 펭귄을 구하기 위해 내가 무엇을 할 수 있을까? 요즘 가장 큰 고민이야. 펭귄에 대해 알아 가는 것도 중요하지만, 알아낸 과학적인 사실이 펭귄을 보호하는 근거 자료로 쓰였으면 하는 바람이야.

한국은 2015년 기준 남극에서 이빨고기 914톤(세계 1위), 크릴 20,264톤(세계 2위)을 잡아들인 주요 어업국이야. 남극의 물고기와 크릴을 너무 많이 잡아들이면, 결국 펭귄의 먹이가 줄어들 거야. 펭귄을 보호하기 위해서는 실제로 펭귄이 어떻게 살고 있는지, 어느 지역에 몇 마리가 살고 있는지, 먹이를 잘 잡아먹고 사는지 알아야 해. 우리가 해마다 남극에 가서 펭귄을 연구하는 이유야.

우리의 연구 결과는 해마다 국제회의에 보고되고 있어. 특히 남극해의 어획량을 논의하는 '남극 해양 생물 자원 보존 위원회(CCAMLR)'에서는 과학자들의 자료가 중요하게 쓰인단다. 펭귄이 먹이를 구하는 중요한 지역 근처에서는 크릴 잡는 것을 조절하는 것이지. 위원회에 참여한 국가들은 남극 해양 생물을 제대로 보호해야 한다는 데 뜻을 함께하고 지난 2016년 남극 펭귄의 주요 서식지인 로스해를 해양 보호구역으로 지정했어. 전 세계 아델리펭귄의 38퍼센트, 황제펭귄의 26퍼센트가 살고 있는 바다를 보호하기로 합의한 거야. 150만 제곱킬로미터가 넘는 바다가 보호구역으로 지정되면서 이제 이곳에서는 어업 활동이 금지되었어.
　장기적으로 문제를 해결하기 위해서는 기후변화를 막아야 해. 그래서 가능하면 일회용품 사용을 줄이고 대중교통을 이용하려고 노력하고 있어. 물론 나 혼자 노력한다고 되는 건 아니겠지. 하지만 여럿이 함께 힘을 합치면 기후변화의 속도를 줄일 수 있어. 우리 후손은 어쩌면 갈라파고스펭귄, 아프리카펭귄을 책으로만 볼지도 몰라. 우리 한 사람 한 사람의 관심이 모이면 펭귄을 구할 수 있을 거야.

  한국에 돌아온 지금, 그동안 남극에서 모은 자료를 분석하고 논문 발표를 준비하고 있어. 매일 연구소에 출근해서 컴퓨터와 전화기를 붙들고 있지. 가끔 일이 잘 되지 않을 때면 펭귄 사진과 영상을 꺼내 봐. 그냥 펭귄을 보고만 있어도 마음이 따뜻해져. 내가 추적 장치를 달았던 아델리펭귄은 지금쯤 어디에 있을까? 남극의 겨울을 피해 북쪽으로 이동하고 있겠지? 그리고 여름이 되면 다시 번식지로 돌아올 거야. 그때까지 잘 살아남았으면 좋겠어.

  또 만나자, 얘들아.

생명에게 배운다 ❷ 알아 간다는 것

2020년 3월 5일 처음 찍음 | 2021년 11월 30일 세 번 찍음
글쓴이 이원영 | 그린이 강영지
펴낸곳 도서출판 낮은산 | 펴낸이 정광호 | 편집 조진령 | 디자인 하늘·민 | 제작 정호영
출판 등록 2000년 7월 19일 제10-2015호 | 주소 04048 서울시 마포구 어울마당로5길 16 반석빌딩 3층
전화 02-335-7365(편집), 02-335-7362(영업) | 팩스 02-335-7380
홈페이지 www.littlemt.com | 이메일 littlemt2001ch@gmail.com | 트위터 @littlemt2001hr
제판·인쇄·제본 상지사 P&B

ⓒ 이원영, 강영지 2020
ISBN 979-11-5525-129-4 73470

이 도서의 국립중앙도서관 출판예정도서목록(CIP)은 서지정보유통지원시스템 홈페이지(http://seoji.nl.go.kr)와
국가자료공동목록시스템(http://www.nl.go.kr/kolisnet)에서 이용하실 수 있습니다. (CIP제어번호: CIP2020007529)

*잘못 만들어진 책은 바꾸어 드립니다.
*책값은 뒤표지에 표시되어 있습니다.
*이 책 내용의 일부 또는 전부를 재사용하려면 반드시 저작권자와 도서출판 낮은산 양측의 동의를 받아야 합니다.
*이 책에 소개된 현장 조사는 환경부 용역 과제 〈남극 특별 보호구역 모니터링 및 남극 기지 환경 관리에 관한 연구(2, 3, 4, 5)
(PG14030, PG15040, PG16040, PG17040, PG18040, PG19040)〉, 해양수산부 극지 및 대양과학연구 사업(20170336) 지원을 받은
〈남극해 해양 보호구역의 생태계 구조 및 기능 연구(PM18060)〉에서 얻어진 결과물임을 밝힙니다.
⚠ 종이에 베이거나 긁히지 않도록 조심하세요. 책 모서리가 날카로우니 던지거나 떨어뜨리지 마세요.

생명에게 배운다

지구에서 함께 살아가는 다채로운 생명의 이야기를 통해 '살아 있다' '알아 간다' '함께 산다'는 세 가지 주제를 탐구합니다. 살아서 숨 쉬는 생명 하나하나는 저마다 살아가는 방식이 있고, 누구도 함부로 그 삶을 훼손해서는 안 됩니다. 생명에게 배워야 할 것은, 사람이 어느 날 갑자기 이 세상에 뚝 떨어진 게 아니라 수많은 생명과 하나의 고리로 연결되어 있는 존재라는 사실입니다.

살아 있다는 것 윤소영 씀 · 신민재 그림

생겨난다, 촉촉하다, 적응한다, 싸운다, 돕는다, 유전한다, 진화한다, 죽는다, 이게 다 무슨 말일까요? 살아 있는 모든 것의 특징이에요. 살아 있다는 것, 혹은 살아 있지 않다는 것은 무엇을 뜻하는 걸까요?

알아 간다는 것 이원영 씀 · 강영지 그림

펭귄이 어떻게 살아가는지 궁금한 누군가는 멀고도 추운 남극까지 가서 펭귄을 기다리고 만나고 관찰하고 연구해요. 알면 알수록 더 궁금하고 알고 싶은 생명. 사람이 아닌 다른 생명을 알아 간다는 것은 어떤 의미일까요?

함께 산다는 것 마승애 씀 · 김혜정 그림

가까이 사는 개와 고양이, 아마존에 사는 앵무새, 북극에 사는 북극곰까지, 동물들이 지금 많이 아파요. 어떤 동물은 지구에서 곧 사라질지도 몰라요. 사람과 다른 생명이 함께 어울려 살기 위해서 무엇을 해야 할까요?